AF 338371

# OPINION

## SUR LES ASSIGNATS,

## ET

# PROPOSITION

## D'UN AUTRE MODE DE LIBÉRATION;

*Prononcée à la société de 1789, par un de ses membres.*

$$\overline{\phantom{xxxxxxxxxxxxxxxxxxxxxxxx}}$$

## NOTE DE L'AUTEUR.

L'INSUFFISANCE de l'impôt a néceſſité la créa-
tion de 400 millions d'aſſignats : cette meſure étoit
juſtifiée par la néceſſité, & tous les amis de la choſe
publique y ont applaudi. Il eſt évident que l'on devra
encore uſer de cette reſſource, pour arriver à l'époque
de l'établiſſement des impôts nouveaux : ainſi l'on peut
s'attendre à une émiſſion ſucceſſive de 2 à 300 millions
des mêmes aſſignats : ce ſera là probablement tout ce
que la circulation pourra ſupporter de papier-monnoie
ſans de grands déſordres. 700 millions excèdent le numéraire qui s'eſt écarté dans le tumulte de la révolution : cette ſomme doit ſuffire pour le remplacer & pour
entretenir la circulation néceſſaire à l'agriculture & au
commerce.

On propoſe des aſſignats de très-petites ſommes ; les
plus fortes raiſons s'y oppoſent : il ſeroit infiniment
préférable de favoriſer l'établiſſement d'un grand nombre
de banques municipales, qui créeroient, pour leur ar-
rondiſſement, des ſignes de ſubdiviſion des aſſignats
exiſtans.

# OPINION

## SUR LES ASSIGNATS,

### ET

# PROPOSITION

## D'UN AUTRE MODE DE LIBÉRATION,

*Prononcée à la société de 1789, par un de ses membres.*

ON propose à l'assemblée nationale de liquider la dette non constituée, & de la rembourser avec des assignats dont le cours sera forcé, & qui seroient seuls admis dans le payement des biens nationaux.

Cette mesure est présentée comme le moyen le plus sûr d'effectuer la vente de ces biens, & comme un moyen de richesse publique qui doit élever les arts, l'agriculture & le commerce à une prospérité certaine,

La fortune du royaume & le sort de sa constitution sont attachés à cette importante question : une mesure fausse, l'adoption d'un moyen incertain ou mal calculé, peuvent produire une subversion gé-

A

ttérale ; d'auffi grands intérêts commandent la dé-
fiance contre le fyftême propofé ; il faut le dépouil-
ler des preftiges dont un homme de génie l'a revêtu,
& de l'influence de l'intérêt perfonnel ; il faut, avant
d'employer la dangereufe reffource de l'empirifme
ou d'un remède univerfel, examiner fi la fituation
de la patrie eft tellement défefpérée, que l'on doive
s'abandonner aux hafards d'un moyen condamné
par l'expérience des nations & des fiècles.

Je paffe à cet examen, & je divife la difcuffion
fous deux titres.

1°. Convient-il de rembourfer la dette non conftituée en affignats forcés ?

2°. Quel autre moyen plus conforme à la juf-
tice & à la fûreté du royaume ?

Si, en recevant de la loi la qualité de papier-
monnoie, les affignats forcés pouvoient être in-
veftis en même temps *de la confiance*, il n'y auroit
pas deux opinions fur la convenance de leur
émiffion ; faifant alors les fonctions du numéraire,
ils conduiroient la nation à fa libération, par l'ac-
croiffement de l'induftrie & de toutes les richeffes.
Mais fi cette qualité indifpenfable, *la confiance*,
leur manque, les affignats ne feront plus qu'une
*monnoie foible*, qui portera le défordre dans les
affaires futures, & tous les effets de l'injuftice & de
l'inégalité dans les tranfactions paffées.

Il n'entre point dans mes vues de traiter la quef-
tion des aſſignats fous fes différens rapports, j'au-
rois trop à répéter, & peu de chofe refte à
dire fur cette matière ; je me borne à propofer
des objections puifées dans les faits.

Si les aſſignats forcés ne font pas accompagnés
d'une *confiance abſolue*, fi l'aſſentiment général les
apprécie moins que l'argent, ils feront avilis ; s'ils
font avilis, ils auront les inconvéniens défaftreux
d'une monnoie foible. Dans ce cas, ils devroient
être réprouvés.

Ils feront donc réprouvés, car il eft trop pro-
bable qu'ils feront avilis. Les partifans des aſſignats
paroiſſent ne pas les croire ; il faut même qu'ils
foient perfuadés du contraire, puifque, fans cette
bafe, leur fyftême ne feroit pas foutenable, Mais
peut-on raifonnablement s'abandonner, avec eux,
à cette prévifion de l'avenir & à des fimples hy-
pothèfes, lorfque nous avons l'expérience du paſſé,
celle de plufieurs nations, & les faits actuels ?

Comment efpérer que deux milliards d'aſſignats
fans intérêts ne feront point avilis, lorfqu'une première quantité de 330 millions portant intérêts
perd fix pour cent ? Comment efpérer que les en-
nemis de la révolution feront prêts à renoncer à
leurs coupables projets ? Comment efpérer que cette
multitude d'efprits timides, dont l'opinion eft fuf-

pendue sur la sûreté de l'expropriation du clergé, pourra s'éclairer d'une manière soudaine & générale ?

Un autre obstacle à cette confiance, c'est la situation d'esprit que l'on apperçoit chez le peuple, dans presque toutes les provinces, trop peu éclairé pour apprécier les assignats, trop soumis au préjugé profond qui les assimile aux billets de Laws, trop fort pour obéir aveuglément à la loi de leur circulation. On voit les assignats actuels arrêtés dans les élémens même de leurs mouvemens. Destinés à représenter toutes les valeurs, ils ne sont point adoptés ; ils sont même hautement rejetés dans la plupart des marchés de denrées & de matières premières ; aussi paralysés dans les mains des commerçans en gros, ils oppressent déjà, de la manière la plus alarmante, les manufactures & le commerce maritime. C'est en vain par exemple que le négociant de Bordeaux spécule pour envoyer des farines dans nos colonies ; le fabricant reçoit ses ordres, mais il demande des espèces, parce qu'il ne peut employer les assignats dans ses achats de bled ; ainsi la résistance du peuple repoussant les assignats des transactions élémentaires, on voit languir & la fabrique des farines, & l'armement de Bordeaux, & la navigation, & l'approvisionnement des colonies, & les retours des denrées coloniales. Voilà l'un des nombreux inconvéniens contre lesquels la loi est impuissante ; le temps seul pourroit peut-être éclairer le peuple ; mais jusques-là il laisseroit succomber la nation sous une quantité démesurée d'assignats, avant d'en faciliter la circulation par la *confiance*.

Ainsi, faute d'une *confiance* générale & absolue, qui n'existe pas, & qu'il n'est pas permis raisonnablement d'espérer, les assignats auroient tous les effets funestes d'un papier-monnoie décrié, c'est-à-dire, qu'ils renverseroient les manufactures, les relations commerciales, la fortune du royaume, & peut-être sa constitution naissante.

J'arrive à quelques objections. On me pardonnera si j'exagère ou si je m'égare sur les principes de législation ; mais je crois, par-dessus tout, que les représentans de la nation ne feront point un usage aveugle de la puissance qui leur a été déléguée, & qu'ils n'immoleront pas la justice à des convenances hasardées.

Je crains que la loi proposée manque des caractères d'une bonne loi, ce seroit dire qu'elle sera mauvaise.

Je crains qu'elle ne soit pas l'expression de la volonté générale ; car si, en déclarant à la nation qu'elle lui livre un papier égal à de l'argent, cette même nation dément la loi, en ne reconnoissant

A 4

pas cette parité, la loi aura prononcée contre la *volonté générale* ; & dans ce cas, où sera la garantie de son exécution ? Et quel seroit l'effet des réfistances ?

Cette loi ne blesseroit-elle pas les principes par *son action rétroactive* sur les transactions antérieures ? On ne peut se dissimuler que sous ce rapport elle provoqueroit & autoriseroit la violation d'une multitude de contrats & de propriétés, & l'une de ses conséquences très-remarquable, c'est qu'elle ne seroit exécutée que dans sa disposition la plus vicieuse, c'est-à-dire, dans son effet rétroactif.

Par exemple, elle ordonneroit, même au préjudice d'une convention contraire, à celui qui a prêté mille écus effectifs, de recevoir mille écus d'assignats ; elle seroit obéie. Elle ordonneroit en même temps au possesseur actuel de mille écus de les échanger au pair contre une pareille somme d'assignats ; elle seroit éludée.

Ainsi elle seroit obéie dans tout ce qu'elle ne peut commander, & méconnue dans les véritables limites de son empire.

Une loi n'est-elle pas vicieuse, lorsqu'elle dénature & blesse la liberté des conventions par l'intervention de la contrainte ? Comment, dans les termes de la justice, pourra-t-elle vouloir que le négociant, qui a besoin de ses capitaux pour son commerce, que les propriétaires d'un fonds de douaire, de deniers pupillaires, d'une rente assise par privilège, prennent la place d'un créancier de l'état, & reçoivent des biens nationaux, quelque tort qu'ils puissent en éprouver; & que sans avoir participé, ni par la volonté, ni par aucun avantage, au prêt fait à l'état, ils soient mis à la place du créancier, parce que la loi l'ordonne, comme si elle pouvoit infirmer les conventions licites qui lui sont antérieures?

Ce seroit une réponse insuffisante à mes objection, que d'invoquer les circonstances & le prétendu salut de la chose publique. L'assemblée, qui a déclaré les droits de l'homme, ne doit pas fléchir sous des circonstances, sur-tout pour arriver à un terme incertain ou plutôt désastreux.

## PROJET.

Il est un mode de liquidation qui me paroît respecter tous les droits, toutes les propriétés, & dont l'exécution ne peut entraîner aucuns des malheurs attachés au défaut de succès de l'émission des assignats forcés, & à l'exécution d'une mauvaise loi. Je m'explique.

La nation a fait une chose grande & juste, en s'obligeant à payer la dette de son ancien gouvernement. Elle fait tout ce qui est en son pou-

voir, en confacrant tous fes domaines à l'exécution
de fon engagement.

Si la nation poffédoit du numéraire au-lieu de
biens-fonds , elle le remettroit à fes créanciers.

Mais elle n'a que des biens-fonds ; c'eft la feule
faculté dont elle puiffe difpofer. L'on ne peut
exiger d'elle ce qu'elle n'a pas, & ce qu'elle ne
peut fe procurer. Dans cette pofition, la loi la plus
impérieufe, celle de la néceffité, autorife la nation
à s'acquitter avec ce qu'elle poffède, c'eft-à-dire,
à payer avec fes poffeffions territoriales en nature.
Je dis plus, elle a le droit d'en faire une condi-
tion de l'obligation qu'elle s'eft impofée.

Si tous les créanciers de l'état étoient fyndiqués
& repréfentés par un feul individu, une opération
fimple amèneroit l'échange foudain de tous les
titres de créances contre une valeur égale de biens
nationaux.

Mais comme on doit liquider féparément avec
chaque créancier , il faut combiner des formes ; il
faut fur-tout arriver indifpenfablement à la plus
prompte liquidation poffible, c'eft-à-dire à *l'échange
très-prochain des biens nationaux contre des titres
de créance*. A cette mefure eft attachée la fortune
de la nation & de fes créanciers.

Il faut préalablement convertir toute la dette
de l'état non conftituée en un titre uniforme ,

divisé & transmissible au porteur ; ce mode est indispensable pour connoître la quotité de la dette, pour mobiliser la finance des charges, les contrats sur le clergé, & les pays d'état, pour diviser les gros capitaux, & les rendre susceptibles de s'appliquer au payement des petites acquisitions.

Ayant ainsi muni les créanciers de l'état d'une monnoie propre au payement des biens nationaux, il leur sera libre d'acquérir ou de vendre leurs titres, & de transmettre ce droit à d'autres.

Comme il doit s'écouler un temps moral, qui doit être employé à la liquidation de l'ancien titre, à la recherche & au choix des biens à acquérir, aux formalités de la vente ; & comme au moment de la mise en possession commence seulement la jouissance des fruits, il est d'une indispensable justice, pendant ce temps, de conserver au titre du créancier des intérêts qui puissent représenter les fruits des biens-fonds qui lui sont destinés.

Dans la fixation de cette jouissance des intérêts, il faut faire entrer les précautions qui doivent aiguillonner l'insouciance ou la paresse du créancier, fixer ses irrésolutions, vaincre son éloignement pour la meilleure des propriétés, & briser toutes les spéculations qui tendroient à conserver des créances sur l'état, afin d'éviter la forme de payement proposée.

On peut atteindre ce but par les moyens qui vont être exposés.

On suppose qu'une année s'écoulera, pour que le créancier puisse faire liquider son titre & devenir adjudicataire. Il est juste que, pour cette première année, il obtienne un intérêt égal à celui dont il jouit actuellement ; il doit donc lui être alloué 5 pour 100.

On pourroit dire, à la rigueur, que l'année étant un temps suffisant au créancier pour devenir acquéreur, il ne lui seroit plus dû d'intérêts, puisqu'il a refusé ou négligé d'être payé avec des biens qui lui auroient rapportés des fruits ; mais une telle sévérité pourroit produire beaucoup d'injustices particlles, & l'on devroit allouer au créancier trois pour cent pour la seconde année, c'est-à-dire, une somme à-peu-près égale aux fruits des biens-fonds qu'il a différé d'acquérir.

Une nation doit exercer une grande latitude de justice : sous ce rapport, il seroit convenable d'accorder une troisième année, pour laquelle il ne seroit alloué que deux pour cent d'intérêt.

A ce terme de trois années doit se borner l'allocation des intérêts. Le créancier qui auroit excédé ce délai fatal devroit subir la peine de sa négligence, ou de ses faux calculs ; il le devroit d'autant plus, que la régie municipale pouvant diffiper la plus grande partie des fruits des biens nationaux, l'état feroit expofé à une perte par le fait du feul créancier.

Dans tous les cas, il ne feroit fait aucun paye- ment annuel des trois années d'intérêts; mais ils feroient réunis au capital, pour fervir, comme lui, au payement des biens vendus. Cette mefure eft fondée fur le raifonnement déja tiré du défaut de produit de la régie municipale ; circonftance qui obligeroit le tréfor public à fubvenir au paye- ment de ces intérêts, alors même que par le fait & le retard du créancier, parce qu'il auroit refufé ce que j'appelle *l'offre réelle* de fon payement, la nation auroit perdu des fruits, qu'il étoit libre de s'aproprier, en acquérant plus promptement.

Il me femble qu'un tel plan répondroit aux conditions exigées.

Il eft jufte envers les créanciers.

Ainfi que par le fyftême des affignats, le tréfor public feroit foulagé du payement actuel de cent millions d'intérêts.

Il affure la vente rapide des biens nationaux, en créant une monnoie abondante propre à les payer.

Les créanciers feroient fortement excités à acqué- rir, par la dégradation des intérêts, par la crainte de les perdre entièrement, & fur-tout parce qu'ils ne pourroient obtenir de jouiſſance de leurs capi-taux, qu'en ſe rendant propriétaires de biens-fonds.

On eſt aſſuré d'ailleurs de vendre d'autant plus promptement, que le ſigne de payement ſeroit en général poſſédé par la claſſe aiſée des citoyens, par celle qui, ayant éloigné ſes capitaux du commerce, ne peut plus connoître d'autre emploi qu'en biens-fonds. C'eſt auſſi de cette claſſe de citoyens, bien plus que des propriétaires mobiles des aſſignats, qu'il faut attendre des ſoins efficaces, pour ſur-veiller les biens nationaux, & pour combattre les lenteurs ou les difficultés qui s'oppoſeront trop ſou-vent à leur vente.

Je ne dois pas négliger d'indiquer le ſort du créancier, qui, après trois années écoulées, ne ſe ſéroit pas rendu acquéreur. Il faut pour le fixer ſe placer dans l'une des ſuppoſitions ſuivantes.

1°. Si les biens nationaux ſont égaux en valeur à la dette non conſtituée, le créancier trouvera toujours en nature la portion de biens correſpon-dante à ſa créance, & il pourra l'acquérir, même après l'expiration des trois années.

2°. Si les biens nationaux ſont inſuffiſants pour acquitter la dette, le créancier ſera rembourſé par la voie des impoſitions, & par des longues annuités. Dans ce cas, il rentrera dans la jouiſſance

( 15 )

des intérêts pour les années qui fuccéderont aux trois premières (1).

3°. Si un créancier ne trouve pas à acquérir, parce qu'il aura été fait des ventes à terme, il fera payé par des annuités correfpondantes au recouvrement du prix de ces ventes à terme, &, comme dans le cas précédent, il lui fera payé des intérêts.

Ces fuppofitions me paroiffent renfermer tous les réfultats hypothétiques de la liquidation.

Il s'établit une opinion générale, qui eft auffi devenu la mienne, c'eft que les créanciers de l'état, qui ont emprunté, par privilége fpécial, les fonds de leurs offices, cautionnemens, &c., doivent être autorifés à fe libérer de la manière que l'état emploiera envers eux. Cela me paroît jufte & fondé fur l'affociation tacite qui fe forme entre le titulaire & le bailleur de fonds ; elle eft telle, que dans le plus grand nombre de cas le prêteur a compté pour rien l'obligation perfonnelle du titulaire, & qu'il a attaché fa fûreté au feul droit de fuite & d'emploi de fes fonds.

On trouveroit dans l'exécution un véhicule de

---

(1) Le créancier conferveroit une hypotèque fpéciale fur les forêts qui font mifes en réferve, & dont on pourroit peut-être alors aliéner des portions.

plus, en abandonnant les fruits du sémestre où
se feroient les acquisitions.

Telle est l'idée d'un plan qui me paroîtroit
préférable à l'émission des assignats forcés. Je ne
prétends pas qu'il puisse également convenir à
tous les créanciers de l'état ; mais il est juste ; mais
il ne peut nuire à la classe la plus nombreuse de
ces mêmes créanciers qui font propriétaires liqui-
des, parce que ceux-là n'auront pas besoin de vendre leur titre. Quant aux embarras qu'éprouveroient
les autres, c'est un malheur, dérivant de leur fait
& de la nécessité ; il est impossible que, par la
considération de leur fort, la loi veuille les affran-
chir de leur position, en mettant à leur place les
derniers porteurs des assignats forcés, c'est-à-dire,
qu'elle veuille exposer la nation à la plus grande
infortune, pour éviter quelques maux partiels ;
& ceci amène naturellement le mot du procès,
que j'appelle *question entre toute la nation & le
nombre relativement très-petit des créanciers de
l'état surchargés d'effets publics.*

---

De l'Imprimérie de L. POTIER DE LILLE,
rue Favart, n°. 5. 1790.

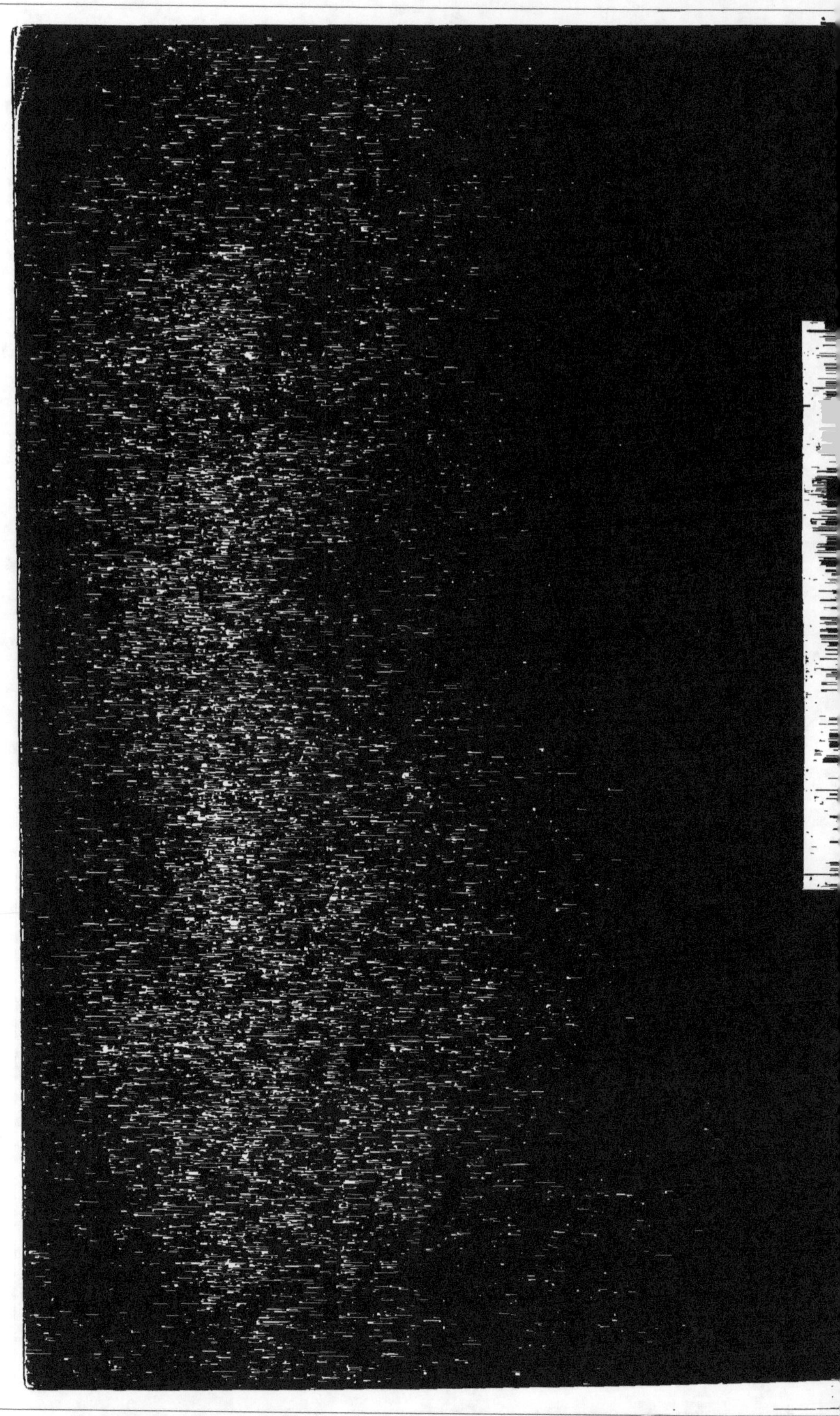

www.ingramcontent.com/pod-product-compliance
Lightning Source LLC
Chambersburg PA
CBHW061714050726
47598CB00004B/1839